CANAL DE SUEZ

NOTE PRÉSENTÉE

PAR LA

DÉLÉGATION ÉGYPTIENNE A LA CONFÉRENCE DE LAUSANNE

LAUSANNE
IMPRIMERIE LA CONCORDE

CANAL DE SUEZ

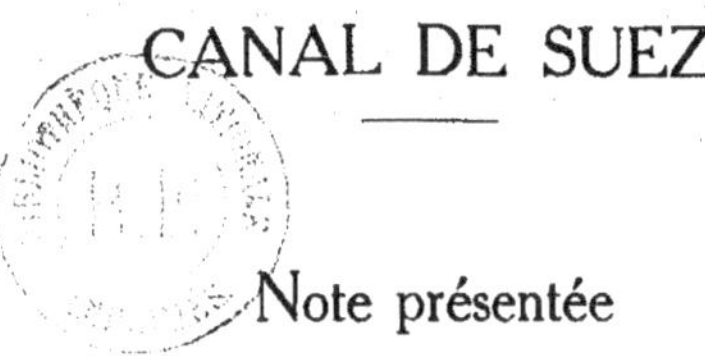

Note présentée

par la

Délégation Egyptienne à la Conférence de Lausanne.

Dans le rapport présenté à la Conférence de Lausanne, à la date du 19 décembre, la Délégation Egyptienne a exposé les divers arguments qui justifient l'Egypte à se considérer indépendante et à demander la reconnaissance de cette indépendance.

Faisant suite à ce rapport, la Délégation a l'honneur de soumettre à la Conférence une Note spéciale sur la question du Canal de Suez dont l'importance ne saurait échapper aux Puissances.

I. — Actes de concession.

Le 30 novembre 1854, Ferdinand de Lesseps obtenait de Mohamed Saïd, Vice-Roi d'Egypte, un acte lui concédant « le pouvoir exclusif de fonder et de diriger une Compagnie pour le percement de l'Isthme de Suez ». Cet acte fut confirmé et complété par un second plus détaillé, en date du 5 janvier 1856.

Ces deux actes montrent dans quel esprit, le Vice-Roi d'Egypte avait autorisé le percement de l'Isthme de Suez. Bien que Mohamed Aly s'était toujours opposé à la construction du Canal, ne voulant pas, disait-il, créer « un nouveau Bosphore », Mohamed Saïd, guidé par le seul souci de rendre service à la civilisation, accorda la concession. La lettre qu'il adressa à Napoléon III prouve que l'importance en soi de l'entreprise prima chez lui toute autre considération : « Pénétré de cette vérité que tous les hommes sont frères et mû par le désir d'être utile à tous les peuples, j'ai formé le projet de réunir la Méditerranée à la Mer Rouge par un canal de navigation et de confier l'exécution de cette grande œuvre à une compagnie universelle. »

L'Egypte ne se contenta pas de concéder l'autorisation des travaux ; elle fit tout ce qui était en son pouvoir pour les faciliter et il n'est pas de sacrifice qu'elle n'ait consentis pour que l'œuvre fut menée à bonne fin.

Ainsi elle mit à la disposition de la Compagnie des terrains à titre gratuit :

« ...Tous les terrains nécessaires n'appartenant pas à des particuliers seront concédés à titre gratuit (art. 4 de l'acte de 1854). Pour la construction des canaux et dépendances mentionnés dans les articles qui précèdent, le Gouvernement égyptien abandonne à la Compagnie sans aucun impôt, ni redevance, la jouissance de tous les terrains n'appartenant pas à des particuliers, qui pourraient être nécessaires » (art. 10 de l'acte de 1856.)

L'Egypte autorise également, sans la frapper d'aucune servitude, l'extraction des mines et carrières :

« Il est enfin accordé à la Compagnie concessionnaire la faculté d'extraire des mines et carrières appartenant au domaine public, sans payer de droits, tous les matériaux nécessaires aux travaux du Canal et aux constructions qui en dépendront, de même qu'elle jouira de la libre entrée de toutes les machines et matériaux qu'elle fera venir de l'étranger pour l'extraction de sa concession » (art. 9 de l'acte de 1864); et l'art. 1er de l'acte de 1856 renouvelle avec plus de précision les avantages déjà accordés.

En outre, plus de 25 000 ouvriers égyptiens furent fournis par le Gouvernement à la Compagnie du Canal ; sans eux, jamais l'entreprise n'aurait pu être poursuivie et achevée.

Il est vrai que, par la suite, une sentence arbitrale de juillet 1864, rendue par Napoléon III, restitua à l'Egypte la partie des terrains non nécessaires aux travaux du percement (soit 60 000 hectares environ) et la Compagnie perdit le droit de réclamer au Gouvernement égyptien des ouvriers. Mais par contre, l'Egypte fut obligée de payer, à titre de compensation, à la Compagnie, 84 millions de francs.

Tous ces sacrifices consentis par l'Egypte démontrent à l'évidence l'intérêt humanitaire qu'elle prenait à l'exécution de cette grande œuvre.

II. — Neutralité du canal.

a) Neutralité proclamée par l'acte de concession.

Le Vice-Roi Mohamed Saïd, en même temps qu'il offrait toutes les facilités matérielles et pécuniaires à la Compagnie chargée des travaux, avait songé à l'avenir. Il avait entendu proclamer dans l'acte même de concession et dans l'intérêt de tous les pays, la neutralité du Canal. Les articles 14 et 15 de l'acte de 1856 constituent, en effet, la véritable charte du Canal.

L'art. 14 est ainsi conçu :

« Nous déclarons pour nous et nos successeurs, sous réserve de la ratification de Sa Majesté Impériale le Sultan, le grand canal maritime de Suez à Péluse et les ports en dépendant ouverts à toujours comme passage neutre, à tout navire de commerce traversant d'une mer à l'autre, sans aucune distinction, exclusion, ni préférence de personne, ni de nationalité, moyennant le paiement des droits et l'exécution des règlements établis par la Compagnie universelle, concessionnaire pour l'usage du dit Canal et dépendance. »

L'art. 15 confirme et précise en ces termes la portée de l'art. 14 :

« En conséquence du principe posé à l'article précédent, la Compagnie universelle concessionnaire ne pourra dans aucun cas, accorder à aucun navire, compagnie ou particulier, aucun avantage ou faveur qui ne soient accordés à tous autres navires, compagnies ou particuliers, dans les mêmes conditions. »

Ainsi la neutralité du Canal est, à l'origine, une idée purement égyptienne. Le Vice-Roi avait voulu mettre la nouvelle voie de navigation à l'abri des influences politiques des Puissances.

Œuvre devant servir au monde entier, il lui imprimait à l'heure même qu'il donnait la concession, un caractère de paix pour qu'elle échappât aux convoitises de quiconque et servît exclusivement et au même titre, aux intérêts légitimes de tous.

La Grande-Bretagne qui envisageait avec inquiétude, le percement de l'Isthme s'employa énergiquement à influencer la Sublime Porte. Il ne fallut pas moins de dix ans de conversations, interventions, négociations, projets et contre-projets, pour obtenir la ratification de la concession. En effet, le second acte de concession est du 5 janvier 1856 et l'acte de ratification seulement du 10 mars 1866. Mais par ce dernier, la neutralité du Canal était définitivement confirmée.

Dès lors, les travaux furent repris avec vigueur et le Canal put être officiellement inauguré en 1869. « L'inauguration eut lieu, écrit M. de Freycinet, avec une solennité et un éclat qu'on ne retrouverait peut-être au même degré dans aucune autre cérémonie. Aucune n'a été saluée par des acclamations plus unanimes. Le Canal apparaissait comme un symbole de paix, comme le trait d'union entre les parties de l'univers, comme un puissant instrument de civilisation et de progrès. »

b) Négociations pour la neutralité internationale du Canal.

Après les événements de 1882, le débarquement des troupes britanniques sur les rives du Canal, l'occupation par celles-ci de Port-Saïd et Suez et la fermeture du Canal pendant quatre jours, les Puissances, inquiètes, estimèrent qu'il devenait urgent d'assurer par un acte international, sa neutralité qui pouvait ainsi être violée d'un moment à l'autre. La conduite de l'Angleterre en 1882 avait démontré que cette neutralité n'était pas suffisamment garantie par l'acte de concession de 1856 et le firman de 1866.

Dès ce moment eurent lieu entre les Puissances, principalement entre la France et l'Angleterre, de multiples échanges de notes, de projets, et même des négociations. De son côté, le Comte Corti, plénipotentiaire italien, saisissait la Conférence de Constantinople d'une proposition à ce sujet, à laquelle adhérèrent l'Autriche, l'Allemagne et la Russie.

L'Angleterre se gardait de heurter de front les Puissances. Sans s'opposer nettement à la neutralité dont chacun ressentait la nécessité, elle soulevait objection sur objection. Lord Granville, le 3 janvier 1883, envoyait aux Puissances intéressées, la circulaire qui devait servir de base à l'élaboration d'un projet. L'art. 4 de cette circulaire était susceptible d'interprétation volontairement extensive, tendant, en fait, à remettre indirectement à l'Angleterre, le soin de faire appliquer les règles prévues pour la neutralité du Canal.

Il semblait donc que la réunion d'une Conférence ne pouvait plus être retardée, car il n'appartenait à aucune Puissance d'éluder désormais le problème du régime du Canal de Suez. Après de nombreuses négociations, la déclaration de Londres du 17 mars 1885, était approuvée par la Turquie, la France, la Grande-Bretagne, l'Allemagne, l'Italie, l'Autriche-Hongrie et la Russie :

« Considérant que les Puissances sont d'accord pour reconnaître l'urgence d'une négociation ayant pour but de consacrer par un acte international, l'établissement d'un régime définitif destiné à garantir, en tout temps et à toutes les Puissances, le libre usage du Canal de Suez, il est convenu entre les sept gouvernements précités qu'une Commission, composée de délégués nommés par les dits gouvernements, se réunira, à Paris, le 30 mars pour préparer et rédiger cet acte, en prenant pour base, la circulaire du gouvernement de Sa Majesté britannique, en date du 3 janvier 1883. Un Délégué de Son Altesse le Khédive siégera à la Commission avec voix consultative. Le projet rédigé par la Commission sera soumis aux dits gouvernements qui s'emploieront ensuite à obtenir l'accession des autres Puissances. »

La Commission se réunit à Paris le 30 mars. Plusieurs projets étaient en présence. Le projet français était un projet de garantie internationale, et M. Camille Barrère, président de la sous-commission, avait émis l'idée de neutraliser jusqu'au Canal d'eau douce. Le projet anglais cherchait à atténuer, sous divers prétextes, la garantie internationale. Il était même accompagné de la réserve suivante qui en restreignait la portée :

« Les Délégués de la Grande-Bretagne, en présentant ce texte de traité comme le régime définitif destiné à garantir le libre usage du Canal de Suez, pensent qu'il est de leur devoir de formuler une réserve générale quant à l'application de ces dispositions, en tant qu'elles ne sont pas compatibles avec la situation transitoire et exceptionnelle où se trouve actuellement l'Egypte et qu'elles pourront entraver la liberté d'action de leur gouvernement pendant l'occupation de l'Egypte par les forces de Sa Majesté britannique. »

Au moment où cette réserve était faite, des négociations avaient lieu pour le retrait des troupes britanniques. La situation transitoire et exceptionnelle mentionnée dans la réserve semblait donc devoir être de courte durée. Mais en réalité, la Grande-Bretagne cherchait à ne pas se lier par des dispositions pouvant gêner ses visées sur l'Egypte.

La Commission, en présence de divergences de vue aussi opposées, ne put qu'enregistrer, au lieu d'un projet unique, les deux textes français et anglais.

c) La Convention de Constantinople de 1888.

Les échanges de vue entre les Puissances, et plus particulièrement entre la France et l'Angleterre, continuèrent. Chacune essayait de faire triompher sa thèse.

Les malentendus portaient sur divers points. En cas d'attaque contre l'Egypte d'une des Puissances signataires du traité, la convention devait tomber et aucune des stipulations ne devait plus être opposable à l'emploi des forces alliées pour la défense du Canal. L'Angleterre s'opposait à la neutralisation de certaines régions avoisinant le Canal, et elle s'opposait également à la neutralisation du Canal d'eau douce.

Après de nombreuses conversations, les malentendus semblaient être aplanis, et le 19 août 1887, Lord Salisbury remettait à M. Waddington, ambassadeur de France à Londres, une note qui marquait un sérieux pas vers l'entente entre les deux pays. Un accord étant intervenu, la France et l'Angleterre décidèrent de le communiquer aux Puissances.

Une conférence se tint à Constantinople, et le 29 octobre 1888 fut signée par les représentants de la France, l'Allemagne, l'Autriche-Hongrie, l'Espagne, la Grande-Bretagne, l'Italie, les Pays-Bas, la Russie et la Turquie, la Convention internationale pour le libre passage du Canal de Suez :

« Article premier. — Le Canal Maritime de Suez sera toujours libre et ouvert, en temps de guerre comme en temps de paix, à tout navire de commerce ou de guerre, sans distinction de pavillon.
En conséquence, les Hautes Parties contractantes conviennent de ne porter aucune atteinte au libre usage du Canal, en temps de guerre comme en temps de paix.
Le canal ne sera jamais assujetti à l'exercice du droit de blocus.

» Art. 2. — Les Hautes Parties contractantes, reconnaissant que le Canal d'eau douce est indispensable au canal maritime, prennent acte des engagements de Son Altesse le Khédive envers la Compagnie universelle du Canal de Suez en ce qui concerne le canal d'eau douce, engagements stipulés dans une Convention en date du 18 mars 1863, contenant un exposé et quatre articles.
Elles s'engagent à ne porter aucune atteinte à la sécurité de ce Canal et de ses dérivations, dont le fonctionnement ne pourra être l'objet d'aucune tentative d'obstruction.

» Art. 3. — Les Hautes Parties contractantes s'engagent de même à respecter le matériel, les établissements, constructions et travaux du canal maritime et du canal d'eau douce.

» Art. 4. — Le Canal maritime restant ouvert en temps de guerre comme passage libre, même aux navires de guerre des belligérants, aux termes de l'art. 1er du présent traité, les Hautes Parties contractantes conviennent qu'aucun droit de guerre, aucun cas d'hostilité ou aucun acte ayant pour but d'entraver la libre navigation du Canal ne pourra être exercé dans le Canal et ses ports d'accès, ainsi que dans un rayon de trois milles marins de ces ports, alors même que l'Empire ottoman serait une des Puissances belligérantes.
Les bâtiments de guerre des belligérants ne pourront, dans le Canal et ses ports d'accès, se ravitailler ou s'approvisionner que dans la limite strictement nécessaire. Le transit des dits

qâtiments par le Canal s'effectuera dans le plus bref délai d'après les règlements en vigueur et sans autre arrêt que celui qui résulterait des nécessités du service. Leur séjour à Port-Saïd et dans la rade de Suez ne pourra dépasser vingt-quatre heures, sauf le cas de relâche forcée. En pareil cas, ils seront tenus de partir le plus tôt possible. Un intervalle de vingt-quatre heures devra toujours s'écouler entre la sortie d'un port d'accès d'un navire belligérant et le départ d'un navire appartenant à la Puissance ennemie.

» Art. 5. — En temps de guerre, les Puissances belligérantes ne débarqueront et ne prendront dans le canal et ses ports d'accès ni troupes, ni munitions, ni matériel de guerre. Mais dans le cas d'un empêchement accidentel dans le Canal, on pourra embarquer ou débarquer, dans les ports d'accès, des troupes fractionnées par groupe n'excédant pas mille hommes, avec le matériel de guerre correspondant.

» Art. 6. — Les prises seront soumises sous tous les rapports au même régime que les navires de guerre des belligérants.

» Art. 7. — Les Puissances ne maintiendront dans les eaux du canal (y compris le lac Timsah et les lacs Amers) aucun bâtiment de guerre.

Toutefois, dans les ports d'accès de Port-Saïd et de Suez, elles pourront faire stationner des bâtiments de guerre dont le nombre ne devra pas excéder deux pour chaque Puissance.

Ce droit ne pourra être exercé par les belligérants.

» Art. 8. — Les agents en Egypte des Puissances signataires du présent traité seront chargés de veiller à son exécution. En toute circonstance qui menacerait la sécurité ou le libre passage du Canal, ils se réuniront, sur la convocation de trois d'entre eux et sous la présidence du doyen, pour procéder aux constatations nécessaires. Ils feront connaître au Gouvernement Khédivial le danger qu'ils auraient reconnu, afin que celui-ci prenne les mesures propres à assurer la protection du libre usage du canal.

En tout état de cause, ils se réuniront une fois par an pour constater la bonne exécution du traité. Ces dernières réunions auront lieu sous la présidence d'un commissaire spécial nommé à cet effet par le Gouvernement impérial ottoman. Un commissaire khédivial pourra également prendre part à la réunion et la présider en cas d'absence du commissaire ottoman.

Ils réclameront notamment la suppression de tout ouvrage ou la dispersion de tout rassemblement qui, sur l'une ou l'autre rive du Canal, pourrait avoir pour but ou pour effet de porter atteinte à la liberté et à l'entière sécurité de la navigation.

» Art. 9. — Le Gouvernement égyptien prendra, dans la limite de ses pouvoirs, tels qu'ils résultent des firmans et dans les conditions prévues par le présent traité, les mesures nécessaires pour faire respecter l'exécution du dit traité.

Dans le cas où le Gouvernement égyptien ne disposerait pas de moyens suffisants, il devra faire appel au Gouvernement impérial ottoman, lequel prendra les mesures nécessaires pour répondre à cet appel, en donnera avis aux autres Puissances signataires de la Déclaration de Londres, du 17 mars 1885, et au besoin, se concertera avec elles à ce sujet.

Les prescriptions des art. 4, 5, 7 et 8 ne feront pas obstacles aux mesures qui seront prises en vertu du présent article.

» Art. 10. — De même, les prescriptions des art. 4, 5, 7 et 8 ne feront pas obstacle aux mesures que Sa Majesté le Sultan et Son Altesse le Khédive, au nom de Sa Majesté impériale et dans la limite des firmans concédés, seraient dans la nécessité de prendre pour assurer, par leurs propres forces, la défense de l'Egypte et le maintien de l'ordre public.

Dans le cas où Sa Majesté impériale le Sultan ou Son Altesse le Khédive se trouveraient dans la nécessité de se prévaloir des exceptions prévues par le présent article, les Puissances signataires de la déclaration de Londres en seraient avisées par le Gouvernement impérial ottoman.

Il est également entendu que les prescriptions des quatre articles dont il s'agit ne porteront, en aucun cas, obstacle aux mesures que le Gouvernement impérial ottoman croira nécessaires de prendre pour assurer par ses propres forces, la défense de ses autres posséssions situées sur la côte orientale de a Mer Rouge.

» Art. 11. — Les mesures qui seront prises, dans les cas prévus par les art. 9 et 10 du présent traité, ne devront pas faire obstacle au libre usage du Canal.

Dans ces mêmes cas, l'érection de fortifications permanentes élevées contrairement aux dispositions de l'art. 8 demeure interdite.

» Art. 12. — Les Hautes Parties contractantes conviennent, par application du principe d'égalité en ce qui concerne le libre usage du Canal, principe qui forme l'une des bases du présent traité, qu'aucune d'elles ne cherchera d'avantages territoriaux ou commerciaux, ni de privilèges dans les arrangements internationaux qui pourront intervenir, par rapport au Canal. Sont d'ailleurs réservés les droits de la Turquie comme Puissance territoriale.

» Art. 13. — En dehors des obligations prévues expressément par les clauses du présent traité, il n'est porté aucune atteinte aux droits souverains de Sa Majesté impériale le Sultan et aux droits et immunités de Son Altesse le Khédive, tels qu'ils résultent des firmans.

» Art. 14. — Les Hautes Parties contractantes conviennent que les engagements résultant du présent traité ne seront pas limités par la durée des actes de concession de la Compagnie universelle du Canal de Suez.

» Art. 15. — Les stipulations du présent traité ne feront pas obstacle aux mesures sanitaires en vigueur en Egypte.

» Art. 16. — Les Hautes Parties contractantes s'engagent à porter le présent traité à la connaissance des Etats qui ne l'ont pas signé en les invitant à y accéder.

» Art. 17. — Le présent traité sera ratifié et les ratifications en seront échangées à Constantinople dans le délai d'un mois, ou plus tôt si faire se peut. »

Cette convention constitue désormais la charte internationale du Canal. Sans doute, elle renferme certaines imperfections. La réserve britannique dont nous avons parlé plus haut et qui fut renouvelée en octobre 1887 n'entache en rien la Convention qui a la valeur d'un traité international au respect duquel sont liés l'honneur et la bonne foi des Puissances qui l'ont signé. On peut d'ailleurs estimer, à juste raison, que cette convention scrupuleusement respectée, suffirait à fournir à tous les intéressés, y compris la Grande-Bretagne, les garanties nécessaires.

III. — L'occupation anglaise et la neutralité du canal.

L'histoire politique du Canal de Suez, depuis 1854 jusqu'à nos jours, est en corrélation étroite avec la politique anglaise, au sujet de l'Egypte.

La Grande-Bretagne commença par avoir une attitude nettement hostile au percement de l'Isthme de Suez. Elle s'employa de toutes ses forces, au Caire et à Constantinople, à empêcher d'abord que la concession fût donnée, ensuite à entraver l'exécution des travaux. Le 7 juillet 1856, en plein parlement, Lord Palmerston faisait ce grave aveu : « Le Gouvernement de Sa Majesté ne peut certainement pas entreprendre d'employer son influence sur le Sultan, pour l'induire à permettre la construction de ce Canal parce que, dans les quinze dernières années, le Gouvernement de Sa Majesté a usé de toute l'influence qu'il possède à Constantinople et en Egypte pour empêcher que ce projet ne fût mis à exécution. »

Une fois le Canal achevé, la Grande-Bretagne changea de tactique. L'Isthme ayant été percé malgré elle, elle résolut d'accaparer le canal. Pour parvenir à son but, elle mit en œuvre toutes les ressources de sa diplomatie.

Elle profita des embarras financiers du Khédive Ismaïl pour lui acheter 176 602 actions, à un prix dérisoire. Cet achat lui servit de prétexte pour faire créer trois postes au Conseil d'administration de la Compagnie. Elle obtint ensuite que ces postes ne soient donnés qu'à des délégués britanniques proposés par leur Gouvernement.

Et en 1882, elle occupa l'Egypte devenant ainsi en fait, maîtresse du Canal.

Le premier acte de cette occupation fut la violation de la neutralité du Canal. En effet, le Gouvernement britannique débarqua ses troupes à Port-Saïd et à Suez, ferma le Canal pendant quatre jours, et cela au moment où Arabi Pacha, sacrifiant l'intérêt stratégique à la parole donnée, s'était défendu le moindre mouvement dans la région du Canal ou contre le Canal, alors que s'il ne s'était pas cru tenu au respect des engagements de l'Egypte, il aurait certainement entravé les opérations britanniques et peut-être même sauvé le pays de l'occupation.

De 1882 à 1888 se place, comme nous l'avons dit plus haut, la période des plus significatives manœuvres de la Grande-Bretagne pour amener les Puissances, à ne pas s'opposer à son action en Egypte et même sur le Canal. Et aujourd'hui, elle allègue le prétexte de la sécurité de ses communications pour maintenir des forces militaires dans la Vallée du Nil.

Or l'Angleterre n'est pas seule à avoir des colonies et à avoir besoin de la route de Suez. Toutes les Puissances, y compris la Grande-Bretagne, ont estimé en 1888 que la Convention leur donnait à cet égard les plus amples garanties. Il est donc de toute évidence que le principal objectif de l'Angleterre, en Egypte, est d'avoir la haute main sur le Canal.

Elle a même voulu, en 1920, consacrer par un acte international sa situation, en imposant à la Turquie par l'art. 109 du traité de Sèvres, de renoncer, en sa faveur, au pouvoir que lui avait conféré la Convention de 1888, espérant ainsi couronner définitivement les efforts déployés pendant tant d'années.

Serait-il juste que le bilan de la grande œuvre dont tout l'univers a tiré un si large profit, s'inscrivît au seul passif de l'Egypte ? Plus de 20 millions de livres dépensées, plus de 25 000 ouvriers égyptiens attelés à la plus dure des tâches dont des milliers périrent, l'ancien transit par la voie terrestre totalement sacrifié, tout cela se traduirait-il finalement, pour l'Egypte, par la perte de ses droits ?

IV. — Conclusion.

La présence des troupes britanniques sur n'importe quel point du territoire égyptien constitue une menace contre la neutralité telle qu'elle est conçue dans la Convention de 1888 elle-même. De fait, la situation de la Grande-Bretagne dans la Vallée du Nil détruit l'égalité que la dite Convention a voulu produire à l'art. 12, par rapport au Canal, entre toutes les Puissances. Tant que l'Egypte sera ainsi occupée, il n'y aura pas pour le Canal, de vraie sécurité.

« Si l'Angleterre, écrit M. de Freycinet, était engagée dans un conflit, elle pourrait confisquer le Canal, en dépit de tous les traités. Elle le pourrait parce qu'elle est en force sur les lieux, parce qu'elle détient le territoire et parce qu'un texte serait, à ce moment, une bien fragile barrière. » Il ajoute : « Tant que l'occupation durera, il n'y a pas d'illusion à garder, l'Angleterre sera, en réalité, maîtresse du Canal. »

L'indépendance de l'Egypte est donc la meilleure sauvegarde de la neutralité effective du Canal de Suez. L'intérêt de l'Egypte et celui des Puissances est ici le même ; et l'Egypte est seule qualifiée pour assurer désormais la garde de cette neutralité. Le droit conféré à la Turquie de venir à l'aide de l'Egypte pour la défense de la neutralité du Canal, lui était reconnu du fait de sa suzeraineté, et aujourd'hui que la Turquie ne se prévaut plus de cette suzeraineté, l'Egypte hérite naturellement de ce droit. Ainsi c'est dans l'intérêt même de la neutralité du Canal que l'indépendance de l'Egypte doit être reconnue.

Lausanne, le 3 janvier 1923.

Pour Saad Zagloul Pacha,
Président de la Délégation Egyptienne :

Le Président p. i.,
(signé) Hassan Hassib.

www.ingramcontent.com/pod-product-compliance
Lightning Source LLC
La Vergne TN
LVHW021100050726
842519LV00005B/1763